JN198635

エネルギーと
私たちの暮らし
3
再生可能エネルギー
監修：竹内純子

保育社
HOIKUSHA

はじめに

私たちの生活は、多くの化石エネルギーによって支えられています。

しかし、化石エネルギーを使うと二酸化炭素が出ます。二酸化炭素は気候変動の主な原因とされています。気候変動が進むと、地球の平均気温が上昇するだけでなく、洪水や干ばつなどの災害が増えると考えられています。これを防ぐために、エネルギーの作り方・使い方を変え、「カーボン・ニュートラル」を世界で目指すことになりました。

これから私たちのエネルギーは大きく変わります。ただ、理解しておいていただきたいのは、エネルギーの作り方・使い方を変えるのには、お金も時間もかかるということです。かかるお金が大きくなりすぎないように、技術開発も進められていますし、手続きを簡単にするようなルール改正も行われています。それでも、お金も時間もかかることは覚悟しなければなりません。理想的な状態になるまでの間、エネルギーの値段があまりにも高くなったりすることや、供給が不安定になったりすることは避ける必要があります。どうすれば、少しずつでも理想的な状態に近づけて（変えて）いけるのかを、みんなで考えてみましょう。

この本の使い方

この本では、説明文の補助として絵や図をたくさん使っています。エネルギーの話は少し難しい部分があるので、よりみなさんが理解しやすくなる工夫がしてあります。順番に読み進めていけば、エネルギーの全体像をつかみ、さらに細かい内容まで理解できるようになっています。

ついでに勉強! COLUMN

本の内容に関係していて、さらに知りたくなる内容をのせています。

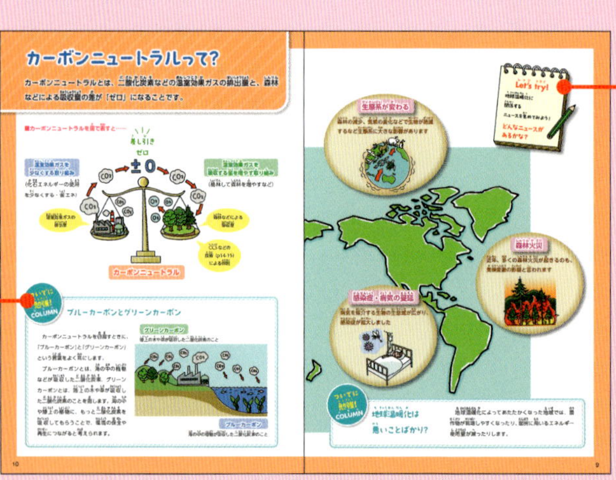

カーボンニュートラルって?
ブルーカーボンとグリーンカーボン

Let's try!

本を読み進めながら、調べたり、観察したりする提案のコーナーです。

もくじ

＊この本の内容や情報は制作時点（2025年2月）のものであり、今後内容に変更が生じる場合があります。

地球の気候変動を止めるために

CO_2

CO_2

近年、人類の活動によって地球の環境が大きく変化し、私たちの暮らしにも大きく影響し始めています。このまま気候変動が進むと、地球はどうなってしまうのでしょうか。気候変動を止めるために、私たちができることを考えてみましょう。

CO_2

急速に進む気候変動

20世紀の初めから少しずつ地球の平均気温は上昇傾向が続いています。人間が大量の化石エネルギーを消費することが影響しているといわれています。

上がり続ける気温

世界全体での平均気温は統計を開始した1891年から、上昇傾向が続いています。上昇の割合は、海よりも陸の方が大きく、特に北半球の緯度の高い地域ほど大きいです。

気温偏差とは？
その年の気温と平年値（平均値）との差のこと

■世界の年平均気温偏差

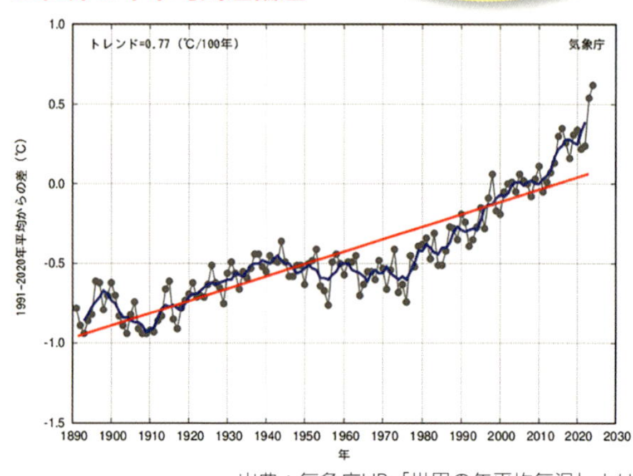

トレンド=0.77（℃/100年）
気象庁
1991-2020年平均からの差（℃）
1.0
0.5
0.0
-0.5
-1.0
-1.5
1890
1900
1910
1920
1930
1940
1950
1960
1970
1980
1990
2000
2010
2020
2030
年

出典：気象庁HP「世界の年平均気温」より

地球温暖化のメカニズム

化石燃料の使用などにより、大気中の温室効果ガスの濃度が高くなってしまい、本来宇宙に放出する熱が放出されず、地球の気温が上がります。

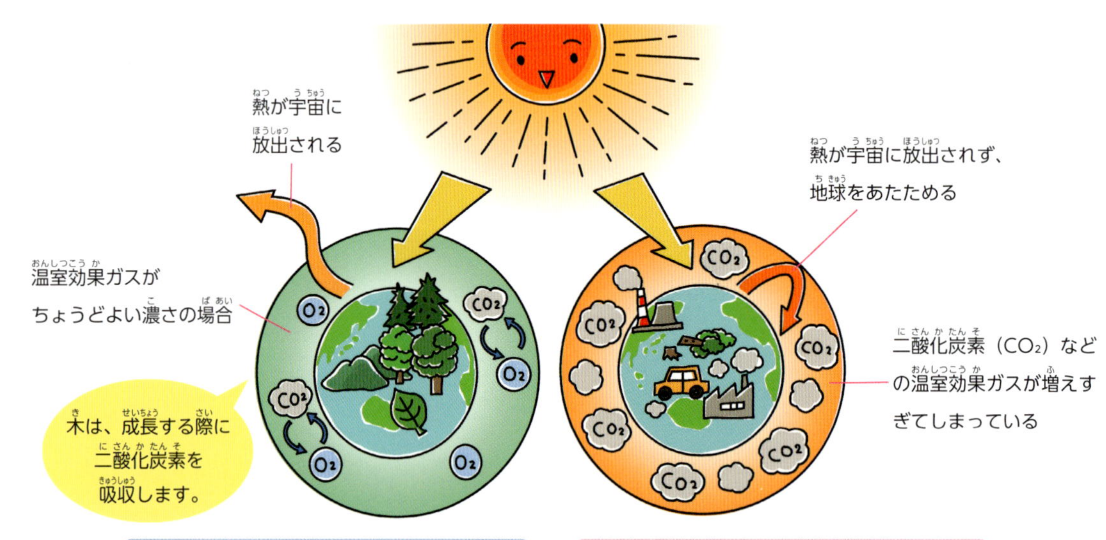

熱が宇宙に放出される
熱が宇宙に放出されず、地球をあたためる
温室効果ガスがちょうどよい濃さの場合
木は、成長する際に二酸化炭素を吸収します。
二酸化炭素（CO2）などの温室効果ガスが増えすぎてしまっている
O2
CO2
昔：二酸化炭素の排出が少ない暮らし
今：化石エネルギーをたくさん使い、二酸化炭素が増える暮らし

温室効果ガスって?

温室効果ガスとは、大気を構成する成分のうち、赤外線を吸収して、熱が地球の外に逃げづらくなるような効果を持つ気体のことです。二酸化炭素やメタン、一酸化二窒素、フロン類などがあります。

温室効果ガスの中でも量が多いのが二酸化炭素です。二酸化炭素は、ものを燃やした際に排出されることが多いので、化石燃料の利用を減らす努力が必要です。

■日本の温室効果ガス排出量（2021年度）

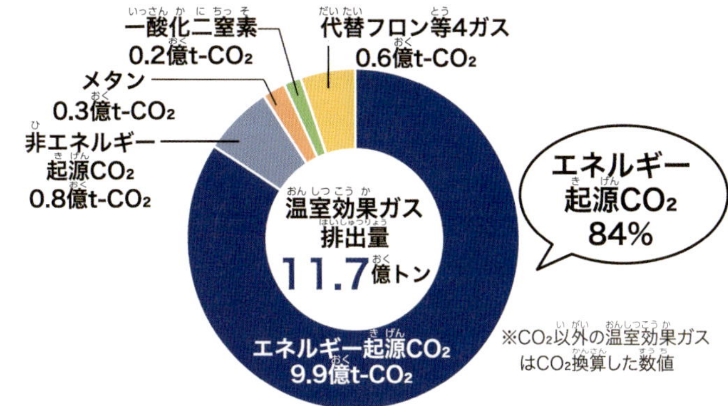

一酸化二窒素
0.2億t-CO_2
代替フロン等4ガス
0.6億t-CO_2
メタン
0.3億t-CO_2
非エネルギー起源CO_2
0.8億t-CO_2
温室効果ガス排出量
11.7億トン
エネルギー起源CO_2
84%
エネルギー起源CO_2
9.9億t-CO_2
※CO_2以外の温室効果ガスはCO_2換算した数値

出典：資源エネルギー庁 広報パンフレット「日本のエネルギー（2024年2月発行）」GIO「日本の温室効果ガス排出量データ」より作成

温室効果ガスが増える原因

人間が利用するまで、地中に、石油や石炭、天然ガスに含まれる形で存在していた二酸化炭素が、それらのエネルギーが使われると大気中に放出されます。稲作や家畜からはメタンが発生します。さらに二酸化炭素を吸収する木を切りすぎることも原因と言われています。

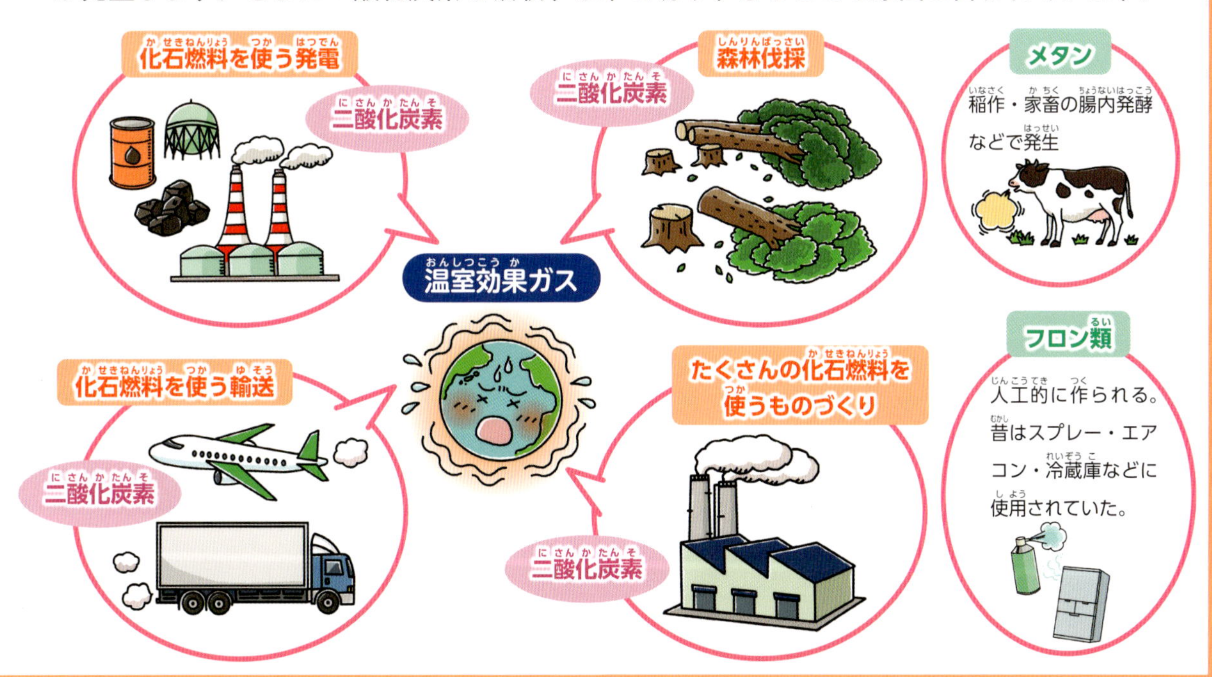

化石燃料を使う発電
二酸化炭素
森林伐採
二酸化炭素
メタン
稲作・家畜の腸内発酵などで発生
温室効果ガス
化石燃料を使う輸送
二酸化炭素
たくさんの化石燃料を使うものづくり
二酸化炭素
フロン類
人工的に作られる。昔はスプレー・エアコン・冷蔵庫などに使用されていた。

地球温暖化が進むと起きること

地球の平均気温が上昇すると、気候に大きな影響があります。これを気候変動と言います。北極の氷が溶けたり、海水温の変化により大型の台風が起こりやすくなったり、大雨のため洪水が起きたりします。

豪雨・ハリケーン・大型台風
暴風、大洪水、土砂崩れなどが起きました
熱波
ヨーロッパなどで異常な高温を記録。たくさんの人が亡くなりました
40°
海面上昇
海の水が増えて、陸の面積が減ってしまう事態に
干ばつ
カラカラに乾く干ばつで、農産物に影響が出て食料不足が発生しました

生態系が変わる
森林の減少、気候の変化などで生物が絶滅するなど生態系に大きな影響があります
Let's try!
地球温暖化に関係するニュースを集めてみよう！
どんなニュースがあるかな？
森林火災
近年、多くの森林火災が起きるのも、気候変動の影響と言われます
感染症・病気の蔓延
病気を媒介する生物の生息域が広がり、感染症が拡大しました

ついでに勉強！COLUMN

地球温暖化は悪いことばかり？

地球温暖化によってあたたかくなった地域では、農作物が栽培しやすくなったり、暖房に用いるエネルギー使用量が減ったりします。

カーボンニュートラルって？

カーボンニュートラルとは、二酸化炭素などの温室効果ガスの排出量と、森林などによる吸収量の差が「ゼロ」になることです。

■カーボンニュートラルを図で表すと……

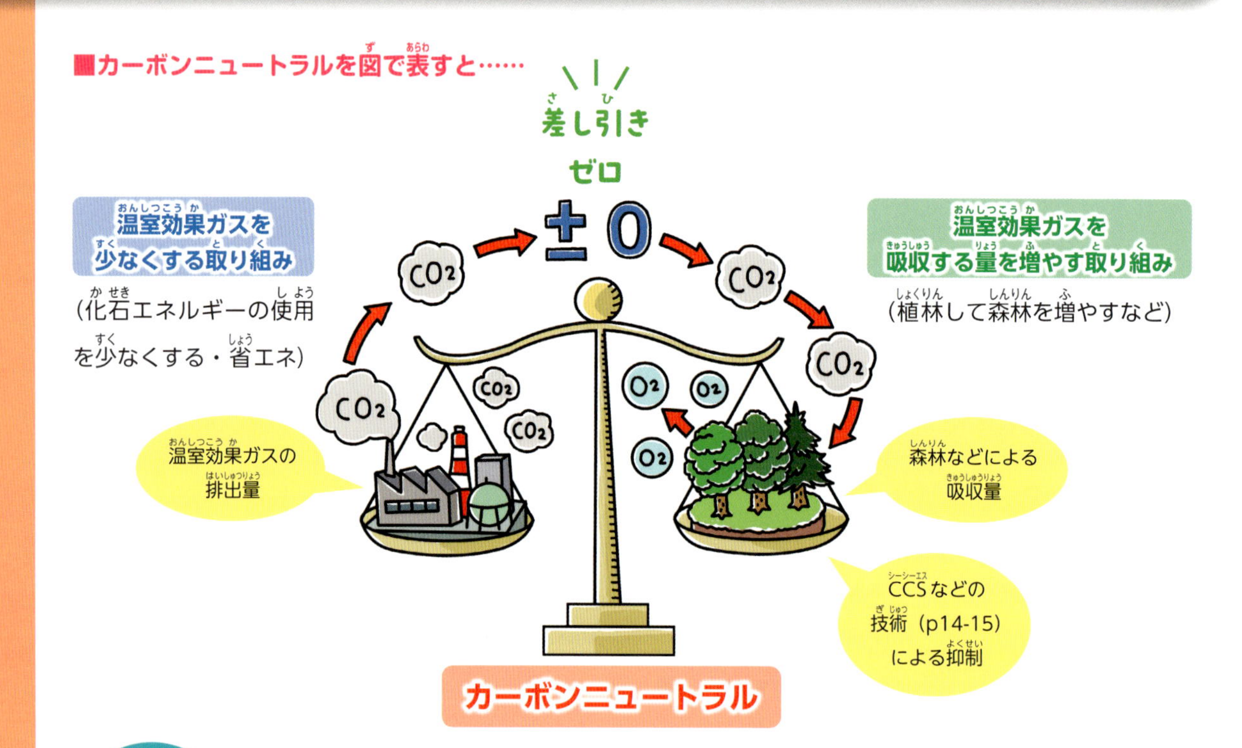
差し引き
ゼロ
±0
温室効果ガスを少なくする取り組み
(化石エネルギーの使用を少なくする・省エネ)
温室効果ガスを吸収する量を増やす取り組み
(植林して森林を増やすなど)
温室効果ガスの排出量
森林などによる吸収量
CCSなどの技術（p14-15）による抑制
カーボンニュートラル

ついでに勉強！COLUMN

ブルーカーボンとグリーンカーボン

カーボンニュートラルを目指すときに、「ブルーカーボン」と「グリーンカーボン」という言葉をよく耳にします。

ブルーカーボンとは、海の中の植物などが吸収した二酸化炭素、グリーンカーボンとは、陸上の木や草が吸収した二酸化炭素のことを指します。海の中や陸上の植物に、もっと二酸化炭素を吸収してもらうことで、環境の保全や再生につながると考えられます。

グリーンカーボン
陸上の木や草が吸収した二酸化炭素のこと

ブルーカーボン
海の中の植物が吸収した二酸化炭素のこと

気候変動を防ぐための世界の取り組み

気候変動の問題を話し合うために、世界中の国が集まって会議を開き、ルールを決めています。さまざまなルールを作り、協力して地球を守る取り組みが行われています。

COPってなに？ 締約国会議（Conference of the Parties）のこと。国連気候変動枠組条約（UNFCCC）に基づき、毎年開催されています。気候変動に関する世界で最も大きな国際会議です。

1992年

地球サミット（ブラジル／リオデジャネイロ） 国連環境開発会議（UNCED）

「環境と開発に関するリオ宣言」

「環境と開発に関するリオ宣言」は、1992年開催の地球サミットで採択（選び取る）されました。この宣言の内容を確実に行うために、以下の4つが採択されました。

- **アジェンダ21** 持続可能な開発を進めるための具体的な行動計画の策定。
- **気候変動枠組条約** 地球温暖化を防ぐために二酸化炭素を減らす取り組みの決定。
- **生物多様性条約** 生き物の多様性を守るための取り組みを約束。
- **森林原則声明** 森林を持続可能に管理するためのガイドラインの制定。

1997年

COP3（日本／京都） 「京都議定書」が採択

- **温室効果ガスの削減目標** 先進国が、2008～2012年の間に温室効果ガスを全体で約5%削減することを約束。国ごとに削減目標を設定、日本は6%削減を目指すことに。中国やインドを含む途上国は削減目標なし。なお、アメリカは京都議定書を批准（約束）しませんでした。
- **削減方法のしくみの決定** ①排出量取引：削減した温室効果ガスの量を国同士で売買できる。②クリーン開発メカニズム：先進国が途上国に資金や技術を提供して温室効果ガス削減プロジェクトを行い、削減分を支援した先進国の削減分にカウントできる。

2015年

COP21（フランス／パリ） 「パリ協定」が採択

- **すべての国が参加** 先進国だけでなく、途上国も含めたすべての国が温室効果ガス削減に取り組むことを約束。途上国が対策を進められるように、先進国がさまざまな支援を行うことを決定。
- **国ごとの目標** 各国が自主的に削減目標を設定し、達成に向けて行動する。また取り組み状況を国際的に確認するしくみが導入された。

2024年

COP29（アゼルバイジャン／バクー）

2025年 COP30（ブラジル／ベレン）

カーボンニュートラルのために何ができる？

省エネの徹底

省エネとは電気やガスを節約して使うこと。こまめに電気を消す、冷暖房を工夫して使うなど、家庭や職場での行動が、二酸化炭素削減につながります。

家庭でできる省エネ

電球形LEDランプに取り替える
白熱電球から取り替えると…
二酸化炭素
1年間で
39.9kg
(年間2,000時間使用)

点灯時間を短くする
電球形LEDランプ1灯を1日1時間消すと…
二酸化炭素
1年間で
1.2kg

パソコンを使わないときは電源を切る
1日1時間利用時間を短くすると
(デスクトップ型の場合)
二酸化炭素
1年間で
15.4kg

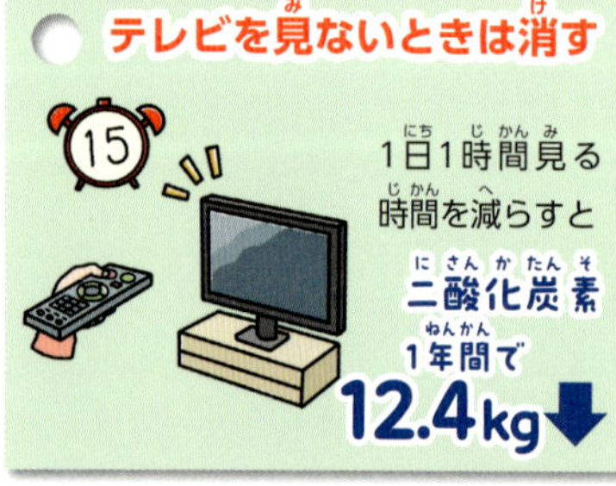
テレビを見ないときは消す
15
1日1時間見る時間を減らすと
二酸化炭素
1年間で
12.4kg

長い時間使わないとき、プラグを抜く
電気ポットの保温をせずに、使うとき再沸騰させた場合
(保温した状態との比較)
二酸化炭素
1年間で
52.4kg

シャワーや水道の出しっぱなしをひかえる
45℃のお湯を流す時間を1分短くすると…
二酸化炭素
1年間で
28.7kg

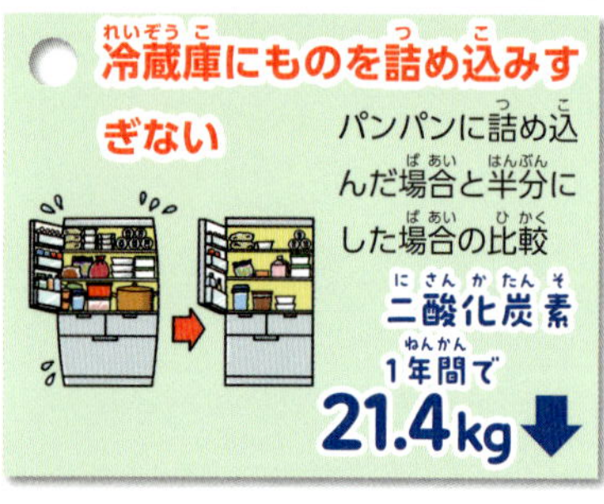
冷蔵庫にものを詰め込みすぎない
パンパンに詰め込んだ場合と半分にした場合の比較
二酸化炭素
1年間で
21.4kg

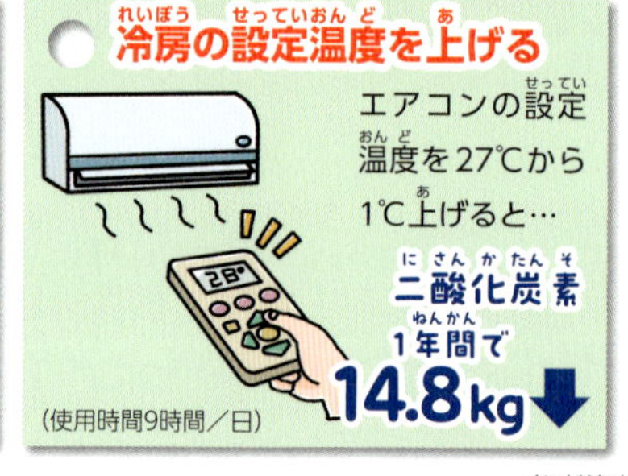
冷房の設定温度を上げる
エアコンの設定温度を27℃から1℃上げると…
28°
二酸化炭素
1年間で
14.8kg
(使用時間9時間／日)

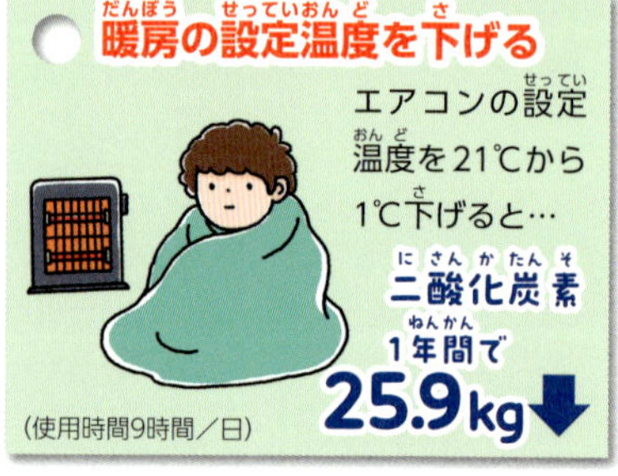
暖房の設定温度を下げる
エアコンの設定温度を21℃から1℃下げると…
二酸化炭素
1年間で
25.9kg
(使用時間9時間／日)

参考資料：資源エネルギー庁 省エネポータルサイト

企業でできる省エネ

企業でも、紙を使わないペーパーレス化や家で仕事をするテレワーク化を進めるなど、省エネに取り組んでいます。また廃材を利用した商品開発なども行っています。

再生可能エネルギー・原子力発電の導入

再生可能エネルギー（再エネ）や、原子力発電は、発電の際に二酸化炭素をほとんど出さないので、取り入れる国が増えています。

化石燃料で動く車や設備などを、電気で動くものに変えると同時に（例：ガソリン車を電気自動車に乗り換える）、発電方法を再エネ・原子力に変えていくことで大きな二酸化炭素削減になると考えられています。

植林をたくさんする

樹木などの植物は、大気中の二酸化炭素と根から吸った水を使って光合成により酸素と有機物（デンプンなど）を作ります。植林（木を植えること）によって樹木を増やせば、二酸化炭素の吸収量も増えます。

※その土地の生態系を乱すことが無いように、もともと生えていた樹種を選ぶなどの配慮が必要です。

■植林の循環について

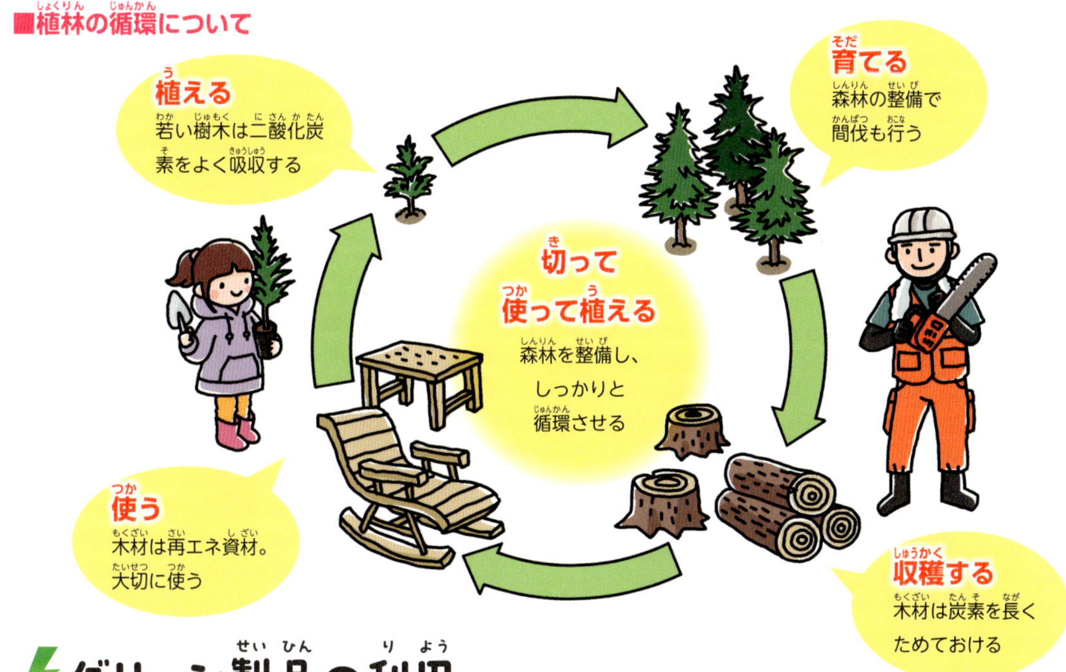

植える
若い樹木は二酸化炭素をよく吸収する
育てる
森林の整備で間伐も行う
切って使って植える
森林を整備し、しっかりと循環させる
使う
木材は再エネ資材。大切に使う
収穫する
木材は炭素を長くためておける

グリーン製品の利用

グリーン製品とは、製造や流通に必要なエネルギーを再生エネルギーにするなどして、排出される二酸化炭素量を減らした製品のことです。グリーン製品を購入する人が増えれば、企業の再生可能エネルギーの導入や、リデュース・リサイクル・リユースの心がけなどが広がり、その結果、二酸化炭素の削減につながります。

二酸化炭素を回収する技術を開発

大気中や工場などの排ガスから直接、二酸化炭素を回収する技術の研究・開発が進められています。回収した二酸化炭素は、地中に閉じ込めたり（CCS）、燃料や材料として再利用したり（カーボンリサイクル）します。カーボンニュートラルのための技術として注目されています。

しかし、二酸化炭素を地中に閉じ込めたり再利用するにもエネルギーが必要なので、お金がかかってしまうという課題があります。

北海道・苫小牧市のCCS実証実験

出典：資源エネルギー庁WEBサイト
(https://www.enecho.meti.go.jp/about/special/johoteikyo/ccus.html)

CCSって？

CCSとは、二酸化炭素を回収し貯留する技術のことです。工場から出た排ガスから二酸化炭素だけを集めて、地面の奥深くに閉じ込めます。地下の岩のすき間に二酸化炭素を保存し、外に出ないようにします。

■CCSのしくみ（イメージ）

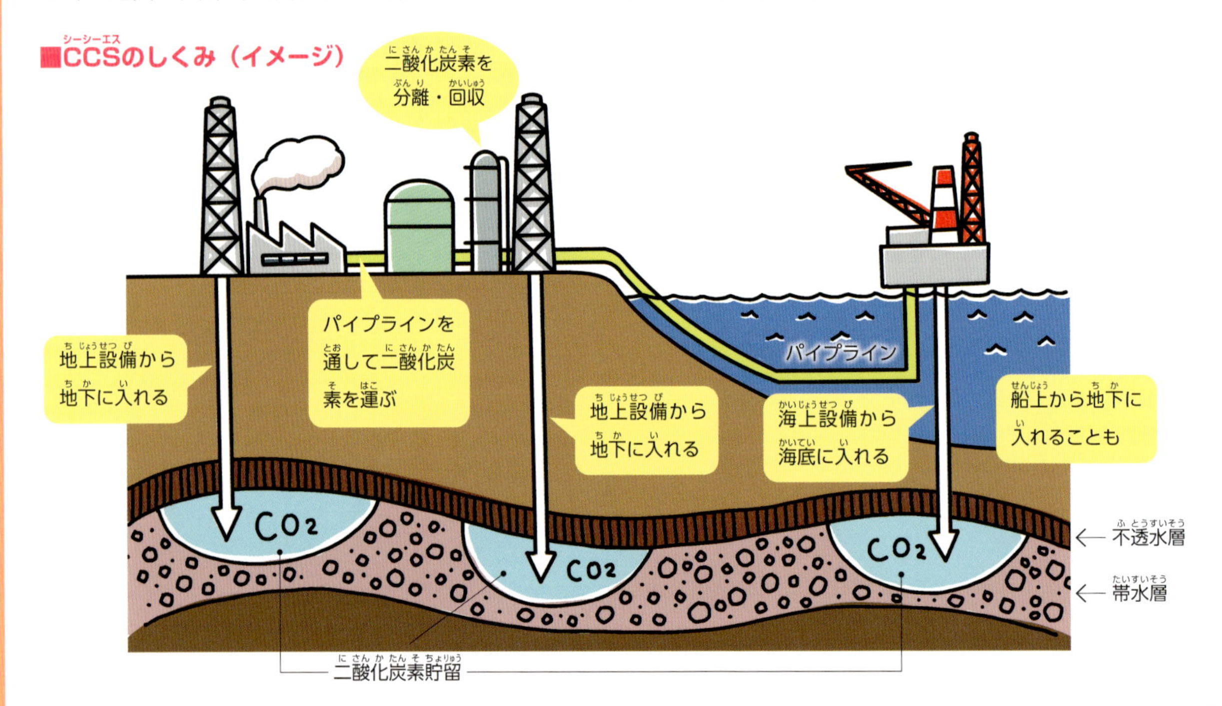
二酸化炭素を
分離・回収
地上設備から
地下に入れる
パイプラインを
通して二酸化炭
素を運ぶ
パイプライン
地上設備から
地下に入れる
海上設備から
海底に入れる
船上から地下に
入れることも
CO_2
CO_2
CO_2
不透水層
帯水層
二酸化炭素貯留

カーボンリサイクルって？

カーボンリサイクルは、大気中や工場から出た排ガスから二酸化炭素を回収し、コンクリート製品やプラスチック、燃料や電池などに再利用することです。カーボンリサイクル技術の研究や開発実証が行われており、一部は実用化されています。

■二酸化炭素排出を抑制する取り組み

CO2
CO2
CO2

DAC（大気からの直接回収）
CC（産業排ガスからの分離回収）

回収

CCS
地下に閉じ込める

直接利用／EOR

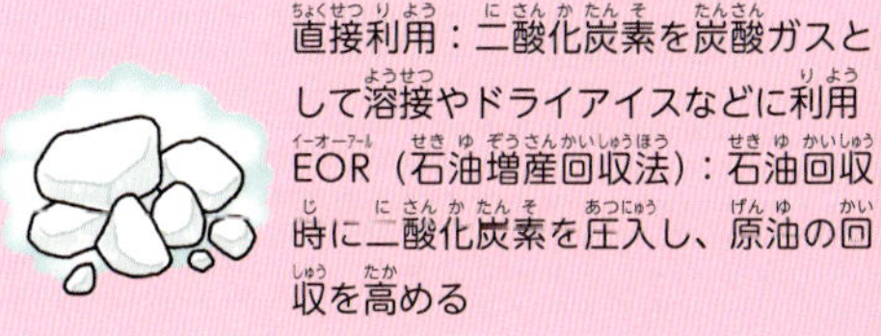

OIL

直接利用：二酸化炭素を炭酸ガスとして溶接やドライアイスなどに利用
EOR（石油増産回収法）：石油回収時に二酸化炭素を圧入し、原油の回収を高める

カーボンリサイクル

カーボンリサイクル技術（触媒開発、人工光合成など）を用いて、二酸化炭素を原料として野菜の生産、燃料、建材コンクリートなどに活用する

CO2

大気中、もしくは工場から出た排ガスから二酸化炭素を回収し、有効活用、もしくは閉じ込めるなどしてカーボンニュートラルの実現を目指します。

ついでに
勉強！
COLUMN

コンクリートが二酸化炭素を吸収するの？

　コンクリートには、規模は小さいものの空気中の二酸化炭素を少しずつ吸収する性質があります。これは「炭酸化」と呼ばれています。
　最近では、コンクリートを作るときに、より多くの二酸化炭素を吸収させる新しい技術が開発されました。

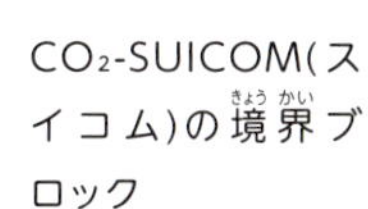

CO_2-SUICOM(スイコム)の境界ブロック

CO_2-SUICOMの歩車道境界ブロック

出典：政府広報オンライン（https://www.gov-online.go.jp/eng/publicity/book/hlj/html/202110/202110_10_jp.html）

再生可能エネルギーと

ここまで気候変動と温室効果ガス、カーボンニュートラルについて見てきました。続いて、再生可能エネルギーについて見ていきましょう。
これからエネルギーの作り方、使い方は大きく変わります。ただし、設備を作るにも時間がかかりますし、私たち消費者がエネルギーの使い方を変える必要もあります。一朝一夕にはいきませんが、しっかりと取り組んでいくことが大切です。

これからの技術（ぎじゅつ）
CO2

いろいろな再生可能エネルギー

地球温暖化を防ぐためのカーボンニュートラルの取り組みの中で紹介した、再生可能エネルギーを詳しく見ていきましょう。

1 太陽エネルギー

太陽を使ったエネルギー技術には、太陽の光を集めて電気を作る太陽光発電と、太陽の熱を集めてお湯を作ったり、暖房に使ったりする太陽熱利用があります。

太陽光発電のしくみ

太陽光発電は、光電池（太陽電池）を用いて太陽の光を電気に変えるしくみです。光がパネルに当たると、半導体の中で電子が動いて電気になります。

■光電池のしくみ

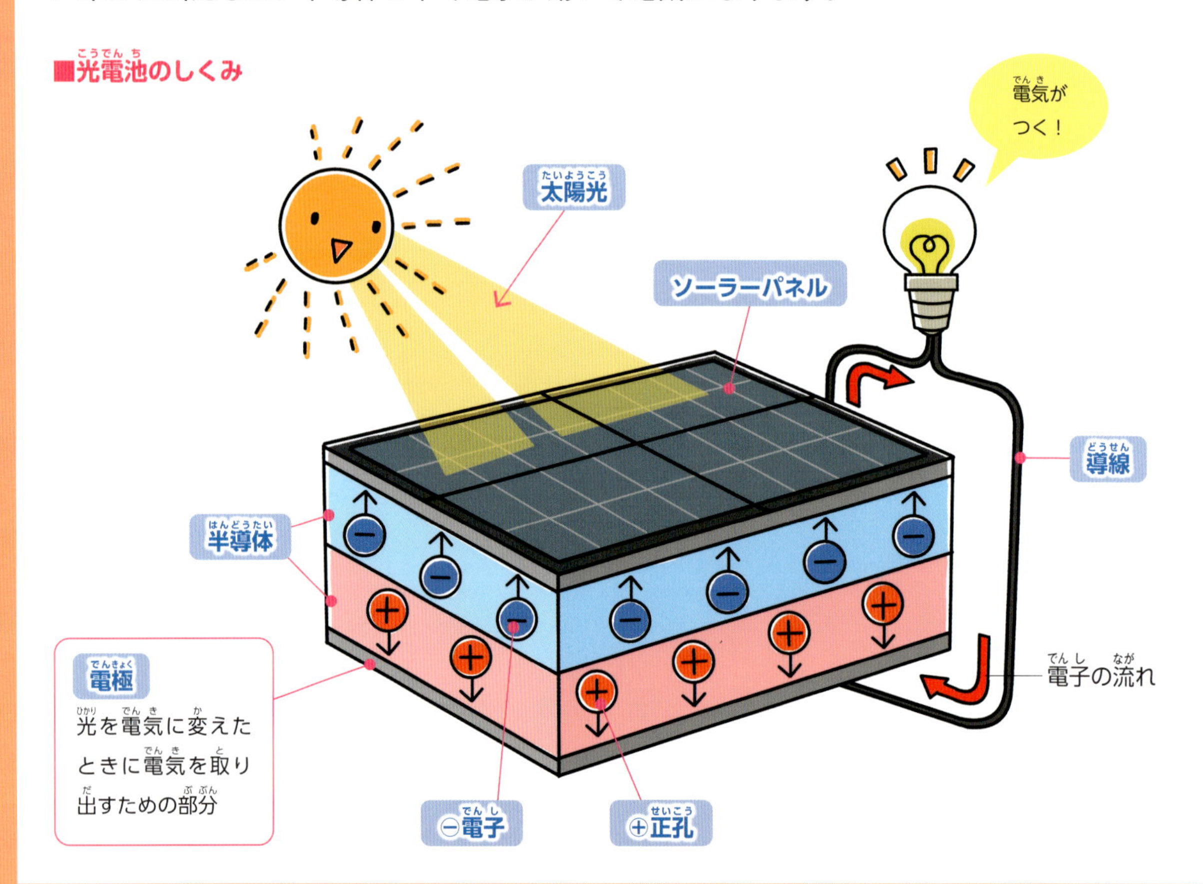

電気がつく！
太陽光
ソーラーパネル
導線
半導体
電子の流れ
電極
光を電気に変えたときに電気を取り出すための部分
−電子
+正孔

太陽熱はいろいろなところで使われている！

太陽の熱エネルギーで、お湯や温風を作ることができます。屋根の上などに置かれる「集熱器」で太陽の光エネルギーを熱エネルギーに変換してお湯を作ったり、部屋を暖めたりします。

■太陽熱の利用

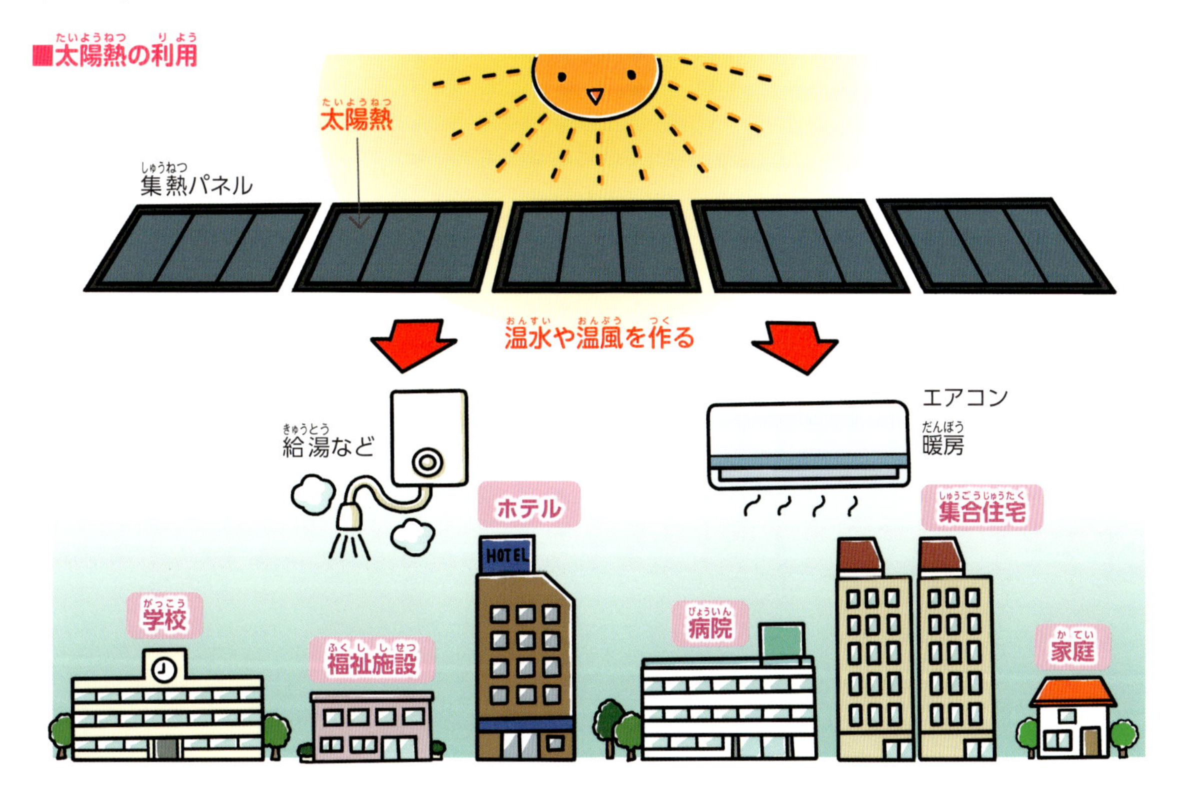
太陽熱
集熱パネル
温水や温風を作る
給湯など
エアコン
暖房
ホテル
HOTEL
集合住宅
学校
福祉施設
病院
家庭

ついでに
勉強！
COLUMN

太陽エネルギーのメリット・デメリット

メリット

- 発電の際に二酸化炭素を出さない
- エネルギー自給率の向上に貢献
- 無限に使える（燃料の制約がない）
- 燃料費がかからない
- 給湯、暖房など幅広い分野で活用できる
- 構造がシンプルなので、維持管理の手間が少ない

デメリット

- 天候に左右される
- 十分な太陽光を確保するために広い屋根や土地が必要
- 太陽が出ているときしかエネルギーを得られない

2 水力エネルギー

水力エネルギーとは、水の流れる力や落ちる力のことです。水力エネルギーを使って電気を作ることができます。発電の際には燃料を使わず、二酸化炭素も出さないので、広く世界中で活用されています。

期待される水力発電

今までは、大型のダムによる水力発電が主でしたが、より小規模で、効率の良い方法が研究されています。例えば、小さな沢や川、あるいは農業用水路などの水の流れを利用する「小規模水力発電」によって、生態系への影響を少なくできます。また古い水力発電所を改良して、もっと多くの電気を作れるようにする取り組みも進んでいます。水力発電は再生可能エネルギーの一つとして、これからも重要な役割を果たしていくことでしょう。

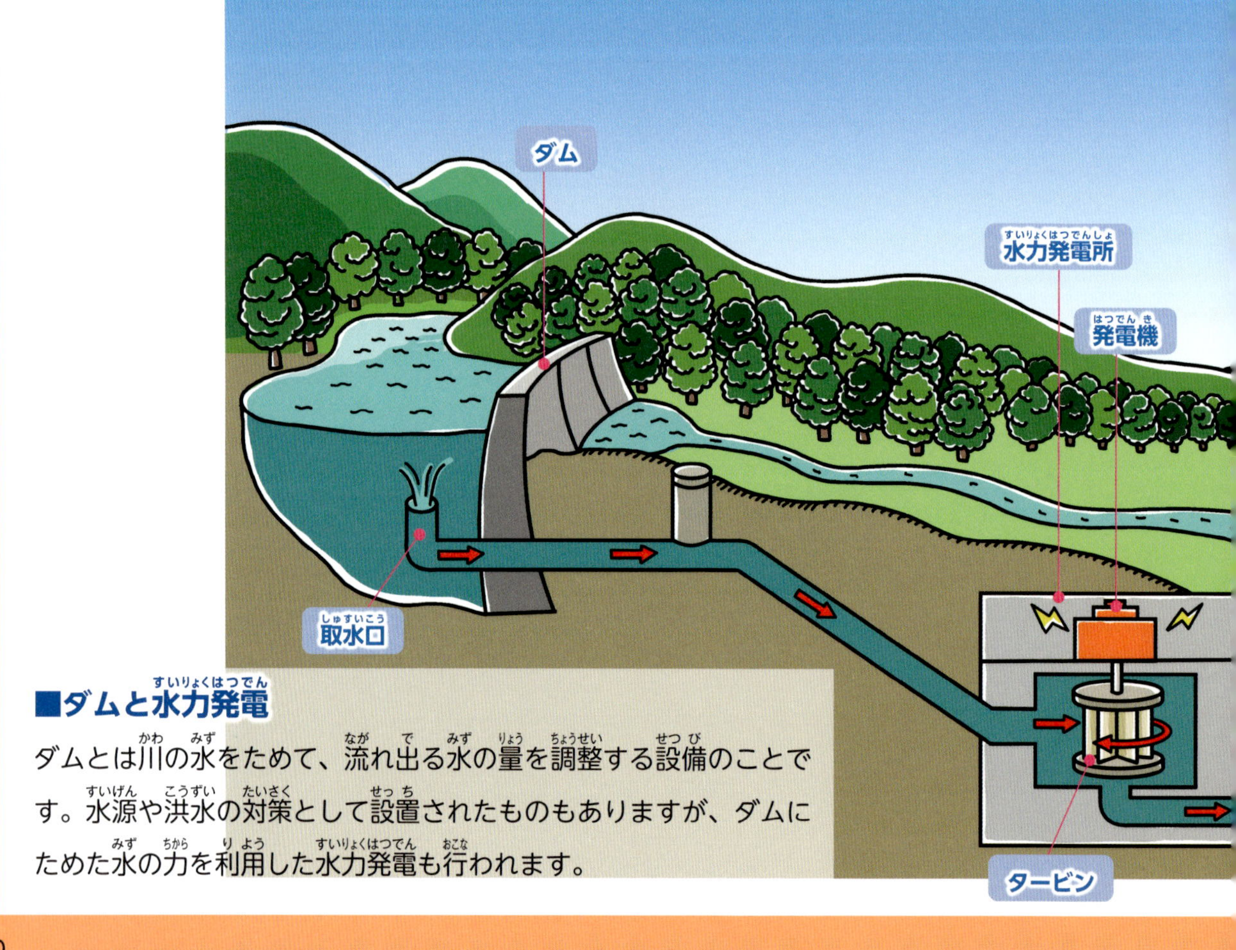
ダム
水力発電所
発電機
取水口
タービン

■ダムと水力発電

ダムとは川の水をためて、流れ出る水の量を調整する設備のことです。水源や洪水の対策として設置されたものもありますが、ダムにためた水の力を利用した水力発電も行われます。

ついでに
勉強!
COLUMN

水力発電のメリット・デメリット

メリット

- 発電の際に二酸化炭素を出さない
- エネルギー自給率の向上に貢献
- 無限に使える（燃料の制約がない）
- ダムに水をためておく、あるいは川からの取水量を調節して、発電量を調節できる（安定供給に役立つ）

デメリット

- ダムを作ると川や周辺の生態系が変わることがある
- ダムを作るのに多くのお金と時間がかかる
- ダム建設に向く地形は限られている
- 発電量が、雪や雨の降った量に左右されることがある

ついでに
勉強!
COLUMN

揚水発電って?

上下２つの池に水をためておいて、太陽光発電がさかんで電気が余っている時間などに上の池に水を上げておき、電気が足りないときに水を落として発電します。巨大な蓄電池ですが、電気を３割程度ロスしてしまいます。

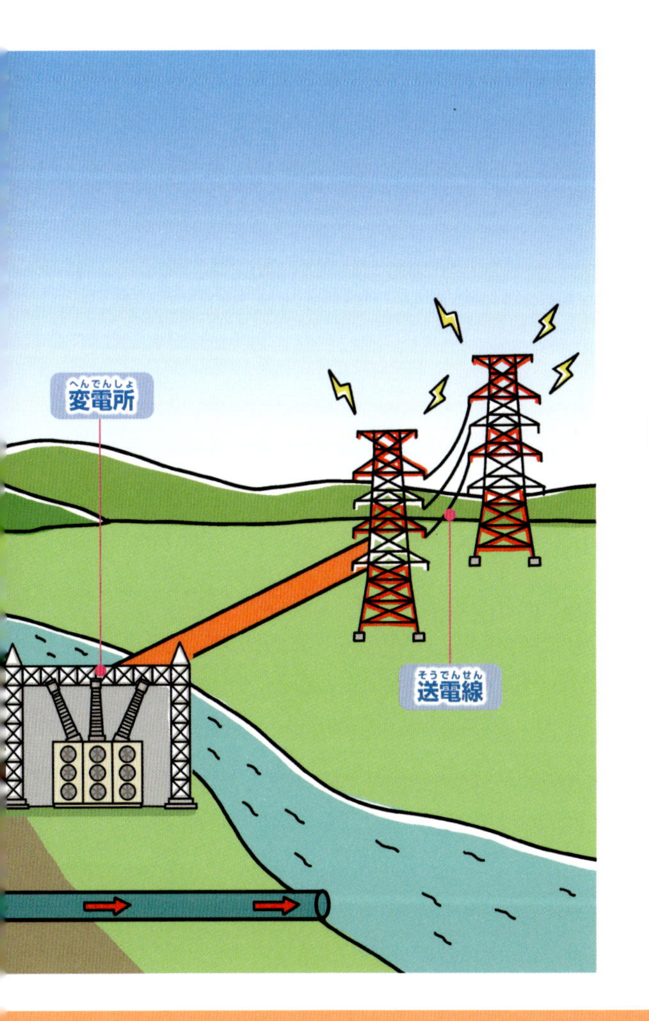
変電所
送電線

ついでに
勉強!
COLUMN

昔からある水車

川の流れや水の落ちる力を利用して羽根を回し、小麦を粉にしたり、木を切ったりする仕事をする水車は古代から使われていた道具です。この水車のしくみを発電に応用したのが水力発電です。水車は直接機械を動かすものでしたが、水力発電ではその回転を「発電機」に伝えて電気を作りいろいろな道具を動かすことができるようになりました。

3 風力エネルギー

風力エネルギーとは、風の力のことです。風力発電では、下図にある大きな風車のようなブレードが風の力を受けて回ります。このブレードが回る力を発電機に伝えることで電気が作られます。

風車の大きさ

風力発電の風車はとても大きく、3枚のブレードを合わせるとサッカー場くらいの面積になることもあります。また高さは100メートル以上になることが多く、高層ビルほどの高さになることもありますが、さらにブレードの大型化が進んでいます。

■風力発電のしくみ

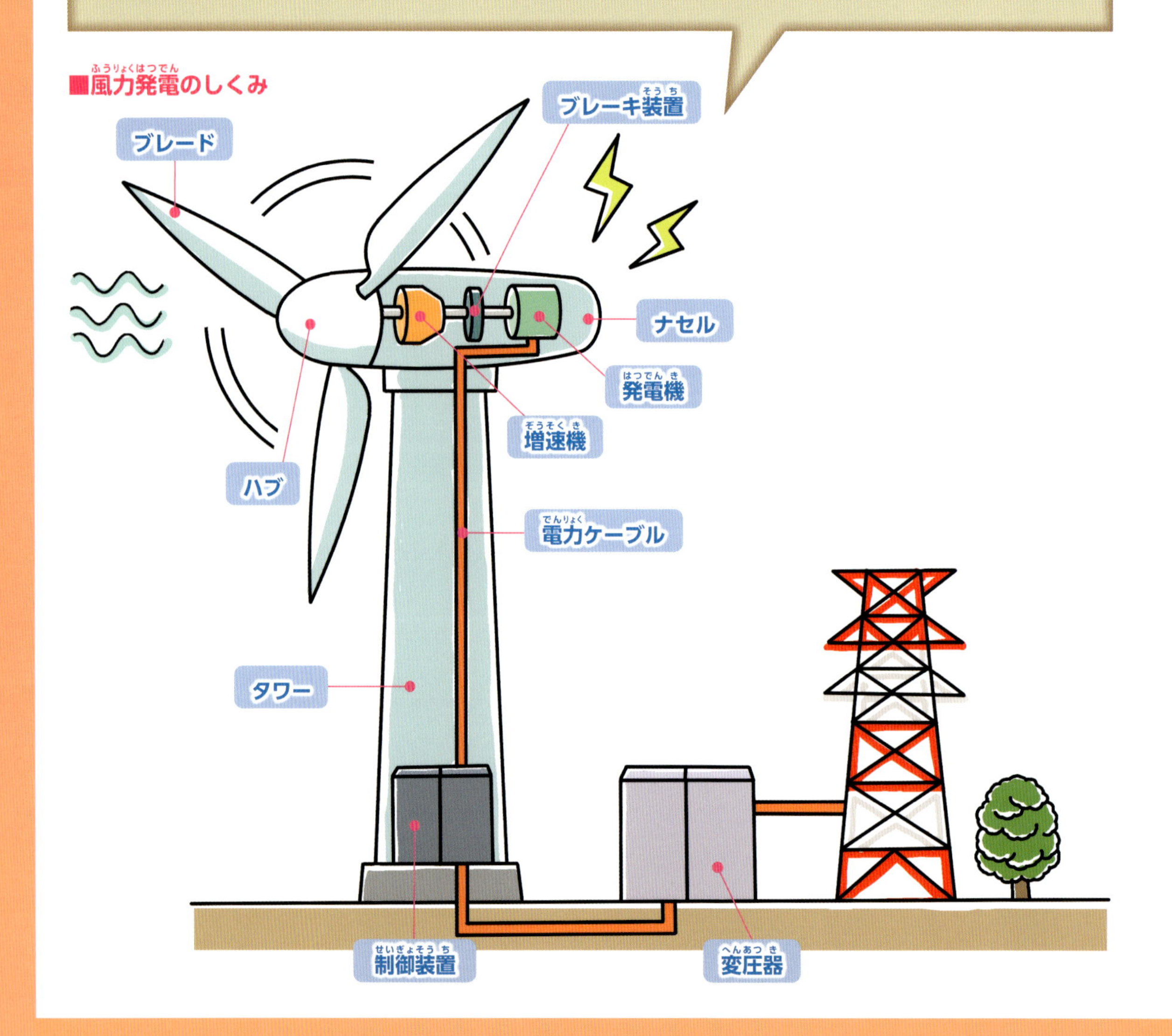

ブレード
ブレーキ装置
ナセル
発電機
増速機
ハブ
電力ケーブル
タワー
制御装置
変圧器

洋上風力発電とその種類

海の上に風車を建てて電気を作る方法です。日本は島国なので海に吹く強い風を利用することができます。海上は陸地よりも風が安定していて大きな風車を設置できるため、たくさんの電気を作ることができます。また陸上より場所の制限が少なく、景観や騒音の問題も少ないというメリットもあります。

1 着床式

海の浅い場所に、風車の柱を海底に固定して建てる方法。柱が風車をしっかり支えるので安定するが、海が深い場所では使えない。

2 浮体式

深い海の上に風車を浮かべる方法。柱の下に浮くしくみをつけて、ロープで海底に固定する。深い海が多い国でも設置しやすい。

ついでに勉強！COLUMN

風力発電のメリット・デメリット

メリット

・発電の際に二酸化炭素を出さない
・エネルギー自給率の向上に貢献
・無限に使える（燃料の制約がない）

デメリット

・発電量が風の吹き方に左右される
・日本は、年間を通じて安定的な風が吹くわけではない（冬は日本海側、夏は太平洋側で強い風が吹く）
・台風が来たら風車を止めなければならないことがある
・建設費や維持費が高い（特に洋上風力）
・バードストライク（ブレードと鳥が衝突すること）の問題

4 地熱エネルギー

地熱エネルギーとは、地球の地下深くにあるマグマの熱のことです。地下には、マグマによってあたためられた水が高温の熱水として蓄えられています。地熱発電では、この熱水や蒸気を取り出して、タービンを回して発電機を動かし電気を作ります。

火山大国日本に有利な地熱エネルギー

日本は火山が多いので、地下に豊富な熱エネルギーがあり、地熱発電には有利です。特に東北地方や九州地方では地熱発電所がいくつも稼働しています。ただし、温泉への影響や景観の悪化などを気にする温泉事業者もいるので、地域との共生の努力が欠かせません。

■地熱発電のしくみ

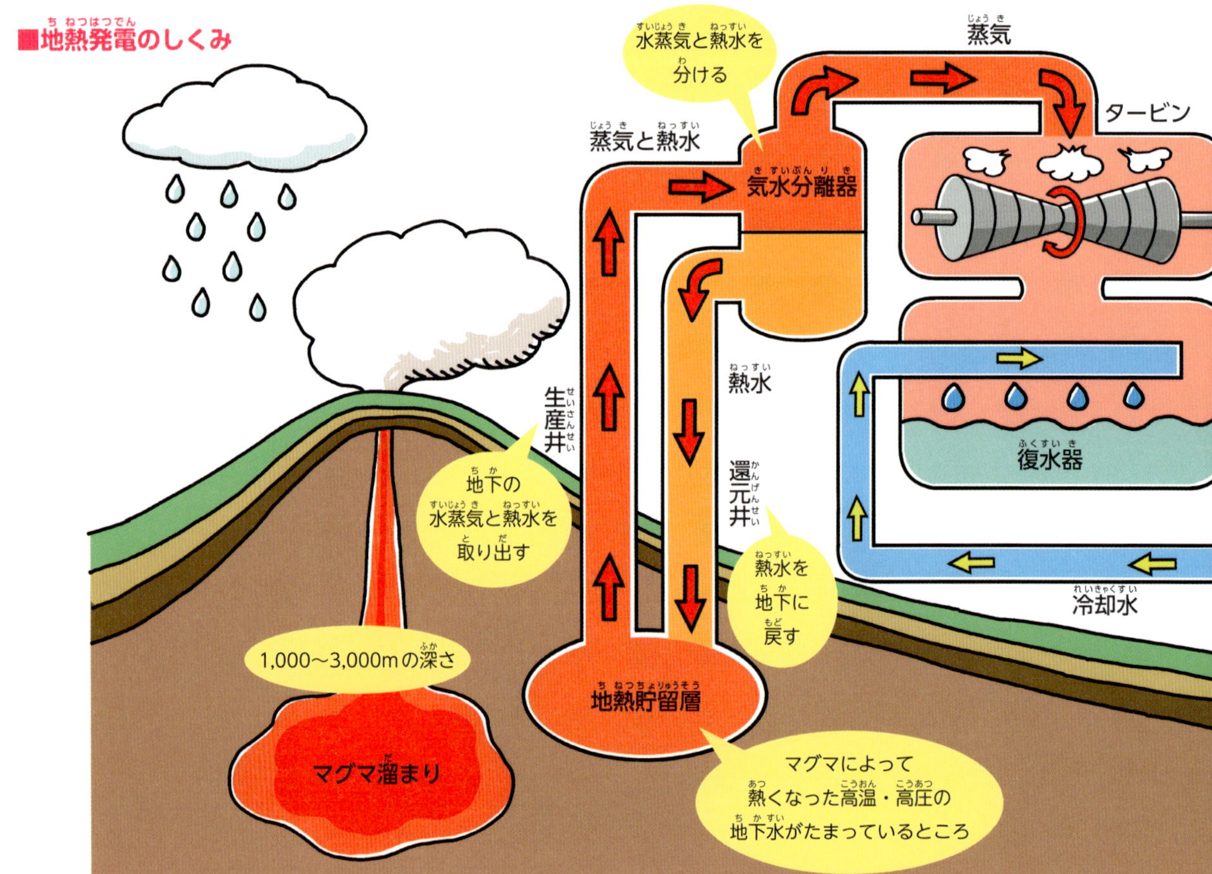

水蒸気と熱水を分ける
蒸気
タービン
蒸気と熱水
気水分離器
熱水
生産井
地下の水蒸気と熱水を取り出す
還元井
熱水を地下に戻す
復水器
冷却水
1,000~3,000mの深さ
地熱貯留層
マグマ溜まり
マグマによって熱くなった高温・高圧の地下水がたまっているところ

地熱エネルギーの活用、アイスランドの場合

アイスランドは、人口約38万人で、東京都品川区の人口よりすこし少ない、とても小さな国です。しかし、火山が多く、地熱エネルギーをとても上手に活用しています。地下から熱い蒸気や熱水が簡単に得られる地形を生かして家や学校をあたためたり、お湯を供給したりしています。電気も地熱発電で作られ、国全体のエネルギーの多くを地熱でまかなっていますが、これは使用するエネルギーの量が小さいからできることです。さらに、地熱エネルギーを使って温水プールや有名な温泉地「ブルーラグーン」も作られています。

出典：アイスランドの人口：外務省HP（2025年2月閲覧）
東京都品川区の人口：令和6年住民基本台帳人口・世帯数、令和5年人口動態（市区町村別）

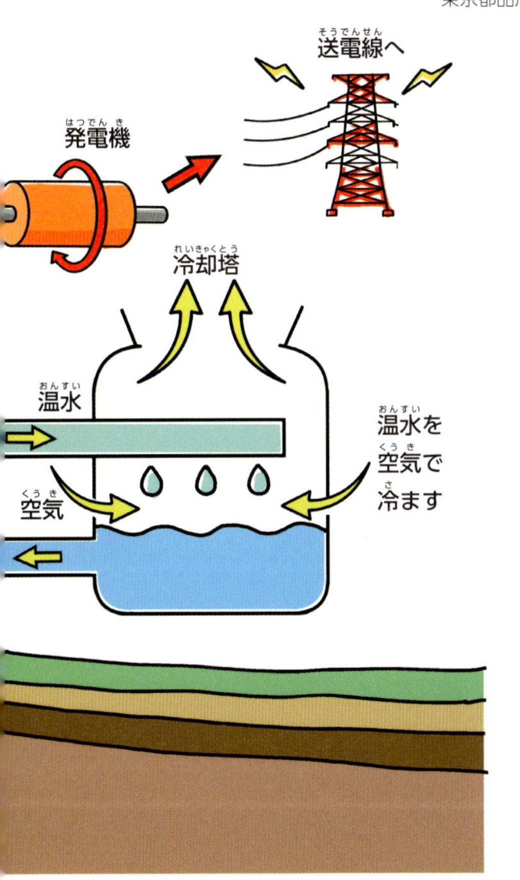
送電線へ
発電機
冷却塔
温水
温水を
空気で
冷ます
空気

ついでに
勉強！
COLUMN

地熱エネルギーのメリット・デメリット

メリット

- 発電の際に二酸化炭素を出さない
- エネルギー自給率の向上に貢献
- 無限に使える（燃料の制約がない）
- 天気や時間に関係なく発電ができる

デメリット

- 開発や建設コストが高い
- 場所の制約がある
- 地下2000メートルくらいまで掘らなければいけない
- 地下の様子は見えないので、掘っても外れることがある

5 海洋エネルギー

海洋エネルギーとは、波や潮の満ち引きなど海の中で得られるエネルギーのことです。波の動きや海流などを使って、電気を作ることができます。日本は海に囲まれている国なので、海洋エネルギーの利用に向いていると言われています。

AR500 なるミライ

海の深い場所で電気をつくる潮流発電機

写真提供：九電みらいエナジー株式会社

ついでに勉強！COLUMN

地震や津波のときはどうなる？

海洋エネルギーの発電設備は、地震や津波の影響を受ける可能性があります。特に、日本は地震や津波が多い国なので、海に設置された発電設備が壊れたり流されたりしないように工夫が必要です。

例えば、潮流発電や波力発電では、発電装置を頑丈に作ったり、海底にしっかり固定したりしています。また、津波が来る場合は設備を早めに停止させ、安全を確保するしくみも研究されています。

海洋エネルギーを利用したいろいろな発電方法

1 波力発電

波の動きを使う方法。波の上下運動で発電機を動かして発電する。

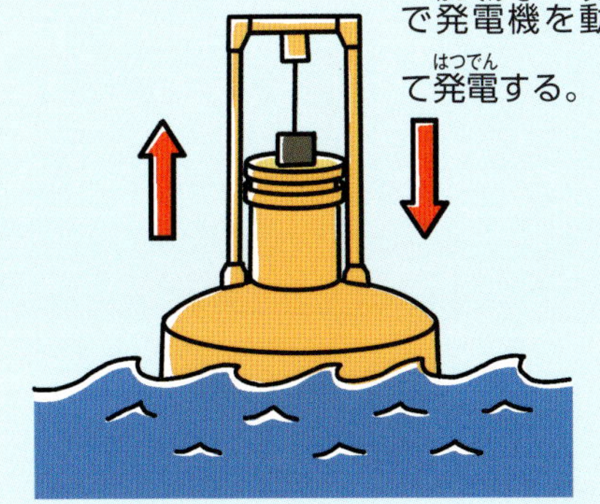

2 潮流発電

潮の満ち引きで海水が流れる力を利用してタービンを回す発電方法。

3 海洋温度差発電

深い海の冷たい水と浅い海の温かい水の温度差を利用した発電方法。

4 海流発電

重りをつけた発電機を海中に漂わせ、海流でタービンを回す発電方法。

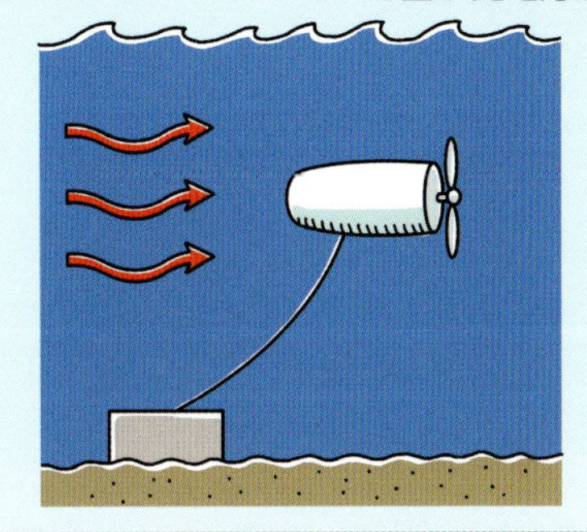

ついでに勉強！ COLUMN

海洋エネルギーのメリット・デメリット

メリット

- 発電の際に二酸化炭素を出さない
- エネルギー自給率の向上に貢献
- 無限に使える（燃料の制約がない）
- 日本は、海に囲まれていて、潮の満ち引きや波が豊富なために向いている

デメリット

- 漁業や船の通行に影響が出ることがないよう場所が制限される
- まだ実験中の技術が多い
- 発電設備の設置や維持のためのコストが高い
- 大型化やコストを下げるための努力が必要

6 バイオマスエネルギー

「バイオマス」とは、生物から生まれた資源のことです。バイオマスエネルギーには、動物のふんや食べ物の残りなどを発酵させて発生するメタンガスや、植物由来のアルコール、伐採や製材などで出る枝・葉などがあります。、バイオマスエネルギーを燃やして電気や熱を作ることができます。

暮らしの中で循環するバイオマスエネルギー

バイオマスエネルギーは、農産物や生ごみ、地域の森林を整備した際にでる木材・廃材など、身の回りの生物由来の資源を利用するものです。ブラジルでは、安価で大量にとれるサトウキビを原料としたバイオエタノールが自動車の燃料として使われています。

■バイオマスエネルギーの変換フロー

いろいろなゴミ
サトウキビやトウモロコシなどの植物
微細藻類原料
変換
濃縮・分離（抽出・精製）
固体燃料
気体燃料
メタン
液体燃料
用途
発電
熱
輸送燃料

ついでに勉強！
COLUMN

バイオマスエネルギーのメリット・デメリット

メリット

- 燃焼時に二酸化炭素は出るが、それは植物が成長するときに吸収したもの
- 育てれば何度でも利用できる
- 廃棄物がエネルギーになるので、ゴミを減らせる

デメリット

- バイオマス燃料になる植物を育てる農地が必要（食料の生産と土地の取り合い）
- 燃焼時に微量の有害物質が出ることがある
- 資源量に制約がある

バイオマス発電を利用して循環型社会の実現も可能になる？

バイオマス発電の燃料に、間伐材などの木材を積極的に利用することで、森の手入れが進みます。地域で資源を生かした循環型社会を作ることが可能になるかもしれません。

ただし、それには林業が活発になることが必要です。また、植林するときにはその土地の生態系を乱さないよう、もともとそこに生えていた種類を選ぶといった気づかいが必要です。

植える
植林
二酸化炭素（CO_2）の吸収
育てる
発電
暖房や給湯に利用
利用する
バイオマス発電
燃料化
木粉・チップ加工
収穫する
枝打ち
間伐材の伐採

Let's try!
君の家にはバイオマスエネルギーに変えられそうなゴミはあるかな？
調べてみよう！

ついでに勉強！
COLUMN

こんなゴミが使われているよ！

バイオマスエネルギーには、いろいろな種類のゴミが使えます。食品ゴミ、家畜のふん、木のくず、稲わら、麦わら、トウモロコシの芯、紙のゴミ、使用済み油、料理で使った廃食用油、コーヒーかすやお茶の葉……などなど。

きちんと分別を行うことで、不要とされるゴミも生かすことができるのです。

水素エネルギー

水素エネルギーは、水素という気体から電気や熱を作るエネルギーです。水素を燃やすと水になるので、二酸化炭素は出ません。また、水素は化学エネルギー（1巻4ページ参照）なので、大量に貯めたり、長距離を運んだりすることが可能です。水素を他の元素と結合させて、より取扱いしやすい、アンモニアなどの水素化合物として利用することも可能です。

水素ってなんだろう？

水素は気体の中で最も軽く、目に見えずにおいもありません。地球上のさまざまなものの中に存在している元素の一つです。水(H_2O)の中にも含まれています。水素を燃やして水になるときに、エネルギーが発生します。

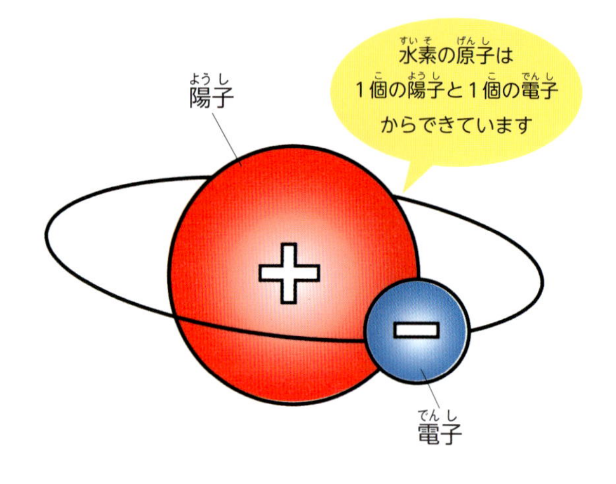
水素の原子は
1個の陽子と1個の電子
からできています
陽子
+
−
電子

日本の水素事情

日本は水素エネルギーの研究や活用で、世界の最先端をいっている国の一つです。現在開発されているものには、以下のものがあります。

燃料電池自動車（FCV）

水素を燃料にして車を走らせます。水素と酸素を化学反応させて電気を作り、その電気でモーターを動かします。走ったあとに出るのは「水」だけです。

家庭用燃料電池（エネファーム）

都市ガス・LPGから水素を作り、その水素を使って発電します、また、その際に出る熱も使ってお湯をあたためるのに用います。

H2
GREEN
HYDROGEN

発電

水素を燃やして電気を作る発電所が試験的に運用されています。再生可能エネルギーと組み合わせて、「グリーン水素」の利用が進められています。

水素の作り方

まとまった量の水素は自然界では単体で存在しないので、以下の方法で作られます。

水素はこうして作る

1 化石燃料からの生成

天然ガスや石油から水素を取り出せます。ただし、この方法では二酸化炭素が出ます。

2 水の電気分解

電気を使って水を分解し、水素と酸素を取り出します。この工程に再生可能エネルギーを使えば二酸化炭素は出ません。

ついでに勉強！ COLUMN

水素の名前が変わるの？

水素はいろいろな材料を使って生成され、使われた素材や生成方法によって名称が変わります。

例えば石炭などから生成された水素はブルー水素、再生可能エネルギーを使って生成された水素はグリーン水素と呼ばれます。

水素と化学エネルギー

化石燃料（化石エネルギー）は、太陽エネルギーから生物が作ったと考えられている「化学エネルギー」です。主に炭素や水素などからできていて、石油、石炭、天然ガスなどは、大量に運べて、ためておくことができます。

ついでに
勉強！
COLUMN

水素エネルギーのメリット・デメリット

メリット

- 二酸化炭素を出さない
- 水と再生エネルギーから水素を作れば、ほぼなくならない
- いろいろな分野で使える
- エネルギーを保存し、大量に長距離を運べる

デメリット

- 設備や技術のコストが高い
- 水を電気分解するには多くのエネルギーが必要
- 安全性についての課題
- 化石燃料から作る場合、二酸化炭素が発生することがある

いろいろな場面で役立つ水素

水素は車や電車などの乗り物、家庭用燃料電池、発電所、工場、そしてロケット燃料など、いろいろなところで広く使われています。

■水素の活躍

従来
アンモニア製造
H_2
液体水素ロケット
石油精製・石油化学

現在
燃料電池自動車
燃料電池船
家庭用燃料電池
燃料電池バス

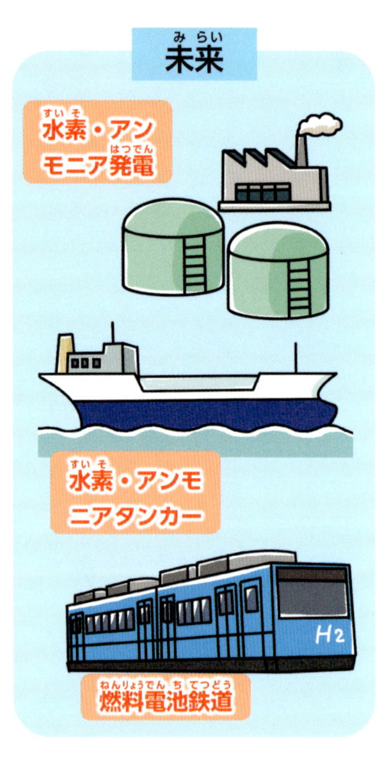
未来
水素・アンモニア発電
水素・アンモニアタンカー
H_2
燃料電池鉄道

水素の活用はなぜ注目されているのか？

現在、広く活躍している電気や熱エネルギーは、大量にためて長距離を運んだり、長期間保存したりすることが難しいです。しかし、化学エネルギーである水素にすることで、エネルギーを運んだりためたりできるため、注目が集まっています。

■世界の水素等需要の見通し

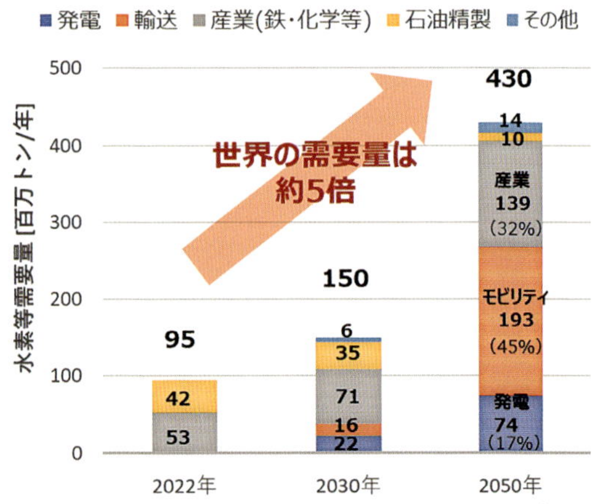
発電
輸送
産業(鉄・化学等)
石油精製
その他
水素等需要量[百万トン/年]
500
400
300
200
100
0
世界の需要量は
約5倍
95
42
53
150
6
35
71
16
22
430
14
10
産業
139
(32%)
モビリティ
193
(45%)
発電
74
(17%)
2022年
2030年
2050年

出典：資源エネルギー庁ウェブサイト（https://www.enecho.meti.go.jp/about/special/johoteikyo/suisohou_01.html）
IEA「Net-Zero Roadmap」(2023/9)
※NZE（2050年ネットゼロ達成）のシナリオを元に算出

水素で走る自動車と水素ステーション

水素を実際に使用して動く水素自動車と、水素自動車のガソリンスタンド的な役割をする水素ステーションについて詳しく見てみましょう。

水素自動車

水素自動車は、水素と酸素を反応させて電気を作り、その電気でモーターを動かす燃料電池車と、水素を燃やしてエンジンを動かすタイプの２つが開発されています。

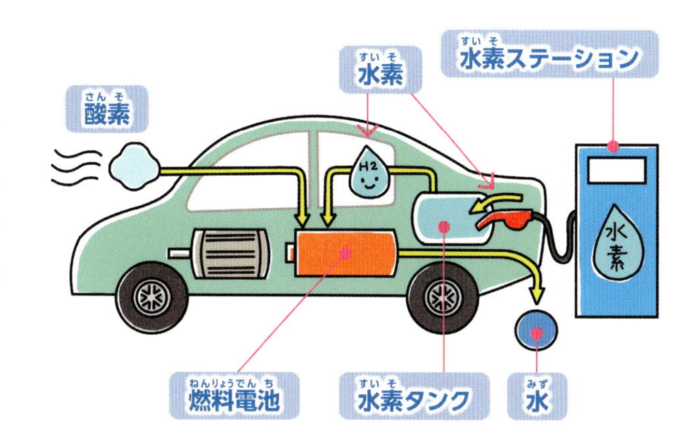

水素ステーション
水素
酸素
H2
水素
燃料電池
水素タンク
水

水素ステーションってどんなところ？

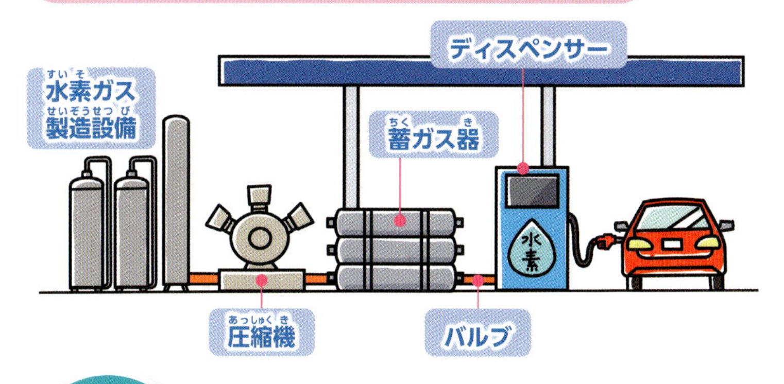

ディスペンサー
水素ガス製造設備
蓄ガス器
水素
圧縮機
バルブ

水素を水素自動車や他の水素を使う機器に供給する施設です。水素は軽いため、圧縮して小さな容積にまとめる技術が使われています。主に工場などで作られた水素が運ばれてきて、ステーションで保存されます。

ついでに勉強！COLUMN

大阪・関西万博でお披露目！　水素船

2025年の大阪・関西万博では、水素エネルギーを活用した未来の交通手段として「水素船」が運航される予定です。万博会場と周辺エリアを結ぶこの水素船は、来場者に環境技術の重要性を伝えるだけでなく、未来の交通の可能性を体験させてくれる乗り物として期待されています。

写真提供：岩谷産業株式会社

これからますます発展していく技術

エネルギーの研究開発は、日進月歩で進められています。蓄電池や宇宙太陽光発電、核融合、水素・アンモニア発電など、さまざまな注目の技術が多くあります。

蓄電池って?

蓄電池は、二次電池とも呼ばれ、充電によりくり返し電気をためて必要なときに使うことができる電池のことです。古くから存在する技術ですが、太陽光や風力発電で余った電気をためて夜や電力不足のときに利用できるため、技術の改良が進められています。

■蓄電池の種類

Lithium
Lithium

リチウムイオン電池

軽くて長持ち、大容量の電気をためられる。

BATTERY

鉛蓄電池

昔から使われている電池で、構造が簡単だが、重い。

Ni-MH
Ni-MH

ニッケル水素電池

安全性が高く、長期間使える。

全固体電池（新技術）

液体ではなく固体を使う安全な電池。

ついでに
勉強!
COLUMN

蓄電池のメリット・デメリット

メリット

1

電気代の削減につながる

2

非常時に電気が使える

天気や風によって発電量が変化する太陽光・風力発電の電気をうまく使えるようにする

デメリット

1

初期費用が高い

経年劣化で容量が減る

数時間から数日くらいの電気しかためられない

設置場所の確保が大変

宇宙太陽光発電って?

宇宙太陽光発電とは、宇宙で人工衛星による太陽光発電を行い、地球に送信するシステムのことです。まだ、実用化されていませんが、未来のエネルギーとして、研究開発が進められています。

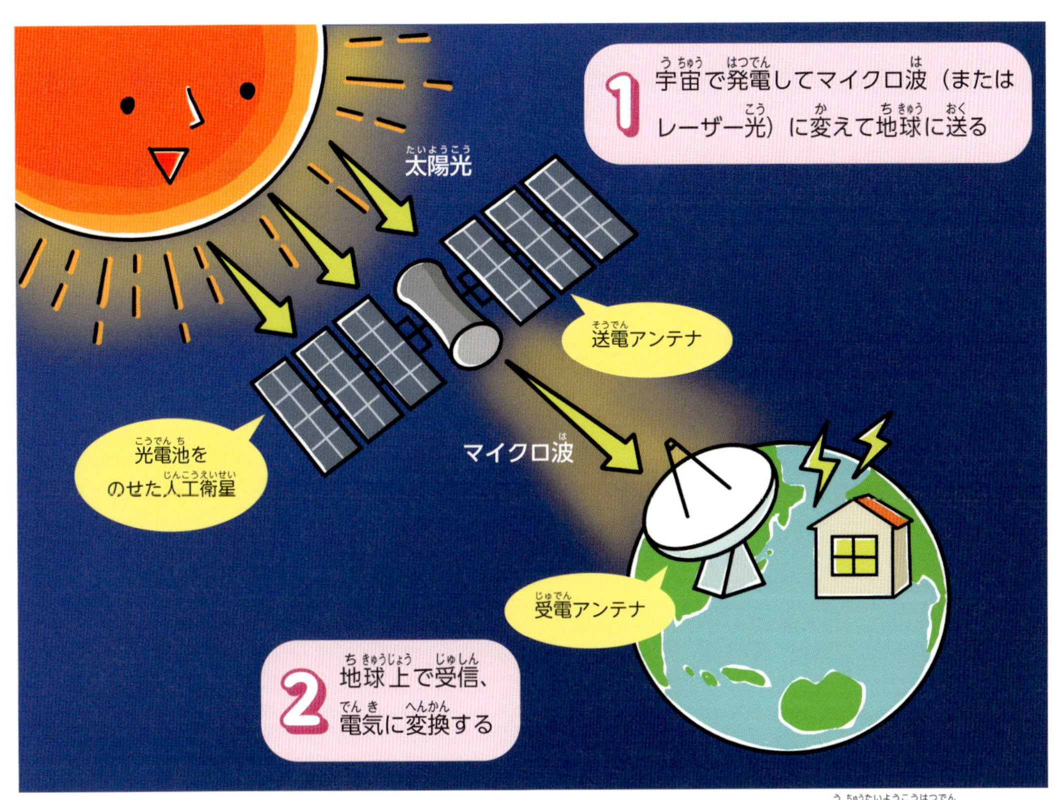

1 宇宙で発電してマイクロ波(またはレーザー光)に変えて地球に送る
太陽光
送電アンテナ
光電池をのせた人工衛星
マイクロ波
受電アンテナ
2 地球上で受信、電気に変換する

宇宙太陽光発電のイメージ

宇宙太陽光発電 世界と日本の取り組み

宇宙太陽光発電は、アメリカや中国、ヨーロッパ各国で研究が進められています。日本ではJAXA(宇宙航空研究開発機構)や大学、企業などが研究を進めています。

ついでに勉強! COLUMN

宇宙太陽光発電の課題は?

宇宙では、天候や夜の影響を受けないため、24時間発電できるという利点があります。一方で宇宙に設備を設置するための技術やコストの問題、電力を地球に送る際の安全性の確認、さらに、宇宙ゴミが増える可能性、環境への影響などの課題が考えられます。

まとめ

地球の気候変動

原因：二酸化炭素などの温室効果ガスが増えることで地球の平均気温が上がる

影響：異常気象、海面上昇、動植物の絶滅など

カーボンニュートラルとその取り組み

・二酸化炭素の排出量と吸収量の差をゼロにすることを目指す

・省エネ（エネルギーを効率よく使う）技術の開発

・二酸化炭素を回収して地中に埋めたり再利用したりする

気候変動を防ぐための世界の取り組み

条約を結んだ国が集まって毎年気候変動に関する会議（COP：締約国会議）を開き、問題を話し合い、ルール作りをしています。

1992年	地球サミット（国連環境開発会議）	
1997年	COP3開催	京都議定書採択
2015年	COP21開催	パリ協定採択
2024年	COP29開催	
⋮	⋮	

再生可能エネルギーの種類

太陽光・太陽熱：太陽の光や熱を利用する

水力：水の流れを使って発電する

風力：風の力で発電する

地熱：地球の熱を使う

海洋エネルギー：海の波や潮の力を利用

バイオマスエネルギー：植物や生ゴミなどを利用

水素エネルギー

・燃やしても二酸化炭素を出さないエネルギー
・車や船、発電に利用が広がっている
・大量に、長距離を運ぶことや保存が可能

おわりに

日常生活の中で、私たちが当たり前に享受しているエネルギー。それらがどのように作られるのか、資源はどこで手に入れているのか、これまでのエネルギーの歩み、そしてこれからのエネルギーについて……理解を深めていただけたのではないでしょうか。

この本を通してみなさんにお伝えしたいことは、「理想のエネルギー」というものはないということです。どのエネルギーにもメリットとデメリットがあります。ひとつのエネルギーに依存するのではなく、多様なエネルギーを組み合わせて使うことが必要なのです。

世界はデジタル化の波に伴い、これからさらに変化し続けていきます。その中で、エネルギーの作り方や使い方もまた、大きく変わっていくことでしょう。そこで知っておいていただきたいのは、エネルギーのあり方を変えるためには大変な時間とお金がかかるということです。

エネルギーには形がありません。ですから私たちはその恩恵をなかなか日常的に感じることができません。しかしエネルギーは生活と密接に結びついているもの、贅沢品ではありません。エネルギーについて、「いくらかかるのか」という現実的な認識を持ち続けることが重要です。

社会の根幹を支えるエネルギーを大切にしながら、さらに先の未来に繋いでいくためにも、私たちができることが何か、みなさんで考えるきっかけになれば嬉しいです。

さくいん

監修　竹内純子（たけうちすみこ）

NPO法人国際環境経済研究所理事・主席研究員／東北大学特任教授／
U3イノベーションズ合同会社共同代表

東京大学大学院工学系研究科にて博士（工学）取得。慶應義塾大学法学部法律学科卒業後、東京電力株式会社で主に環境部門に従事した後、独立。複数のシンクタンクの研究員や大学の客員教授、内閣府規制改革推進会議やGX実行会議など、多数の政府委員を歴任。気候変動に関する国連交渉（COP）にも長く参加し、環境・エネルギー政策提言に従事。2018年10月、U3イノベーションズ合同会社を創業。スタートアップと協業し、新たな社会システムとしての「Utility3.0」を実現することを目指し、政策提言とビジネス両面から取り組む。

●主な著書

『誤解だらけの電力問題』（WEDGE出版）（エネルギーフォーラム賞普及啓発賞受賞）
『原発は“安全”か たった一人の福島事故報告書』（小学館）
『エネルギー産業の2050年　Utility3.0へのゲームチェンジ』（日本経済新聞出版社）（エネルギーフォーラム賞優秀賞受賞）など

●参考文献

『電力崩壊—戦略なき国家のエネルギー敗戦』竹内純子著（日経BP社）／『誤解だらけの電力問題』竹内純子著（WEDGE出版）／『イラスト&図解 知識ゼロでも楽しく読める！　エネルギーのしくみ』 一般財団法人 エネルギー総合工学研究所監修（西東社）／『みんなが知りたい！　地球の資源とエネルギーのしくみ　利用の歴史から脱炭素社会のことまで』「子どもと地球資源」研究会著（メイツユニバーサルコンテンツ）／『今日からモノ知りシリーズ　トコトンやさしいエネルギーの本 第3版』山﨑耕造 著（日刊工業新聞社）／『図解　未来を考える　みんなのエネルギー 1身近なエネルギーをさがしてみよう』明日香壽川監修、小泉光久編著（汐文社）

エネルギーと私（わたし）たちの暮（く）らし
③再生可能（さいせいかのう）エネルギー

2025年4月1日　第1版第1刷©

監　修　竹内 純子（たけうち すみこ）
発行者　長谷川 翔
発行所　株式会社 保育社
〒532-0003
大阪市淀川区宮原3－4－30
ニッセイ新大阪ビル16F
TEL 06-6398-5151　FAX 06-6398-5157
https://www.hoikusha.co.jp/
企画制作　株式会社メディカ出版
TEL 06-6398-5048（編集）
https://www.medica.co.jp/
編集担当　中島亜衣／二畠令子
編集協力　坂本京子／佐々木裕／池田真由子
（ニシ工芸株式会社）
装　幀　塚野初美
本文ﾃﾞｻﾞｲﾝ　小林友利香
本文ｲﾗｽﾄ　佐藤右志／ちべ
写　真　PIXTA
校　閲　株式会社文字工房燦光
印刷・製本　日経印刷株式会社

ISBN978-4-586-08701-3　Printed and bound in Japan
乱丁・落丁がありましたら、お取り替えいたします。